Evita Hamon

Vegane Kuchenliebe

EVITA
HAMON

Vegane Kuchenliebe

Die besten Kuchen und Torten aus dem Café Kauz

Fotos von
Christiane Kösler

Jan Thorbecke Verlag

VERLAGSGRUPPE PATMOS

PATMOS
ESCHBACH
GRÜNEWALD
THORBECKE
SCHWABEN
VER SACRUM

Die Verlagsgruppe
mit Sinn für das Leben

Die Verlagsgruppe Patmos ist sich ihrer Verantwortung gegenüber unserer Umwelt bewusst. Wir folgen dem Prinzip der Nachhaltigkeit und streben den Einklang von wirtschaftlicher Entwicklung, sozialer Sicherheit und Erhaltung unserer natürlichen Lebensgrundlagen an. Näheres zur Nachhaltigkeitsstrategie der Verlagsgruppe Patmos auf unserer Website www.verlagsgruppe-patmos.de/nachhaltig-gut-leben

Verlagsgruppe Patmos in der Schwabenverlag AG, Ostfildern
www.thorbecke.de

Gestaltung: Saskia Bannasch, Finken & Bumiller, Stuttgart
Fotografie: Christiane Kösler, Esslingen; koesler-fotografie.de
außer S. 1 und 7: Studio 211
Foodstyling: Lea Eppinger
Druck: PNB Print Ltd, Silakrogs
Hergestellt in Lettland
ISBN 978-3-7995-1993-9

Inhalt

Liebe Backkäuzchen

mit diesem Buch haltet ihr ein Stück vom Café Kauz in den Händen. Unser kleines Café, in dem ich seit 2017 schon so viele Menschen willkommen geheißen habe – und jetzt auch euch.
In diesem Café stecken so viel Liebe, Arbeit und Herzblut, von mir und auch von meinen „Käuzchen" und den „Backdamen". Unsere Gäste spüren das, sie sind natürlich ebenfalls Teil unserer Kauz-Geschichte, und jetzt hoffentlich auch ihr, die Leserinnen und Leser.

In einer Gründungsphase hat man bestimmte Vorstellungen, Wünsche und Träume. Als ich endlich passende Räumlichkeiten für mich gefunden habe, um ein Café zu eröffnen, war mir schnell klar, dass ich das alleine nicht stemmen kann. Fünf Jahre lang habe ich zuvor als „Kaffee-Caterin" für den Wochenmarkt und viele Veranstaltungen selbst gebacken. Die Qualität und die Präsentation (Deko) waren so besonders, deshalb gab es für mich nicht die Option, fremd backen zu lassen. Mir war aber auch klar, backen und ein Café zu betreiben – 6 Tage die Woche – ist alleine nicht möglich.

Ich fühlte mich immer privilegiert, die Kuchenauswahl zu treffen und nach eigenen Wünschen backen zu dürfen. Und wenn ich das so gut fand, warum sollten andere nicht auch Spaß daran haben? So viele Menschen würden gerne privat mehr backen. Aber wer soll das alles essen? Zu den meisten Anlässen wünschen sich Familie, Freunde oder Kollegen immer den gleichen Kuchen. Weil der ja so lecker war beim letzten Mal … Deshalb wollte ich eine Plattform für eine handvoll Menschen bieten, die sich in meiner Backstube „austoben“ dürfen. Die Aufgabe war leichter als gedacht. In kürzester Zeit hatte ich viele engagierte Frauen gefunden – von 16 bis 72 Jahren –, die von der Idee begeistert waren. Männer habe ich keine gefunden, deshalb nenne ich diese Frauen einfach nur meine „Backdamen“.

Am Anfang haben wir einen Plan erstellt, wer an welchem Tag backt und was gebacken wird. Schnell wurde klar, dass jede „Backdame“ ihre eigene Handschrift hat. Z.B. backt die Eine ihren Apfelkuchen am liebsten gedeckt, die Andere mit Schmand und die Nächste immer mit Streusel. Wenn wir täglich Apfelkuchen in der Vitrine haben, ist es trotzdem immer eine andere Variante.

Seit Beginn meiner Barista-Laufbahn habe ich pflanzliche Milch verwendet – schon vor 10 Jahren. Anfänglich wurde sie mir teils schlecht, weil sie so selten gebraucht wurde. Die Nachfrage wurde größer, deshalb war es an der Zeit, auch einen veganen Kuchen im Café anzubieten. Zunächst wochenweise, und heute fast täglich zwei verschiedene. Anfänglich haben wir uns damit schwer getan, ohne Eier, Butter, Quark und Sahne. Dann hat sich eine Dynamik entwickelt: Wir wollten so gut sein, dass es geschmacklich egal ist, ob der Kuchen vegan ist oder nicht. Mittlerweile brennen wir für das Thema, und unsere Gäste vertrauen längst darauf, dass die veganen Kuchen genauso gut schmecken wie die anderen.

Und die Zeit zeigt auch, wie wichtig es ist, auf den ökologischen Fußabdruck zu schauen, an das Tierwohl zu denken und sich mit Alternativen zu befassen. Es gibt nicht nur schwarz oder weiß, und ein neues Gleichgewicht entsteht. Schön, dass das Café Kauz ein Teil davon ist und mit der Zeit geht. Schön, dass bei uns alle Kuchenfreundinnen und -freunde an einem Tisch sitzen können – egal ob vegan oder nicht.

Euch allen wünschen wir viel Freude und viel Erfolg beim Nachbacken!

Eure Evita

und das ganze Team
vom Café Kauz

Vorbereitungen

Um die Rezeptmenge für eine vorgegebene Backform in eine beliebige andere Formgröße umzurechnen, könnt ihr diese Tabelle verwenden. Dafür nimmt man die Spalte mit der im Rezept angegebenen Formgröße in Zentimetern und wählt in der waagrechten Zeile die gewünschte Backformgröße. An dem Punkt, an welchem sich beide Spalten treffen, erhält man den Umrechnungsfaktor, mit welcher jede Zutat multipliziert wird.

Backformgröße des Rezeptes in cm

Gewünschte Backformgröße in cm

	10 cm	12 cm	14 cm	15 cm	16 cm	18 cm	20 cm	22 cm	24 cm	26 cm	28 cm
10 cm	1	0,69	0,51	0,444	0,39	0,309	0,25	0,207	0,174	0,13	0,111
12 cm	1,44	1	0,73	0,64	0,56	0,44	0,35	0,29	0,24	0,21	0,18
14 cm	1,96	1,36	1	0,87	0,76	0,6	0,48	0,4	0,34	0,28	0,24
15 cm	2,25	1,56	1,15	1	0,88	0,69	0,56	0,47	0,39	0,33	0,29
16 cm	2,56	1,77	1,3	1,14	1	0,79	0,64	0,52	0,44	0,37	0,32
18 cm	3,24	2,25	1,65	1,44	1,26	1	0,81	0,67	0,56	0,48	0,41
20 cm	4	2,27	2,04	1,78	1,56	1,23	1	0,83	0,7	0,6	0,51
22 cm	4,84	3,36	2,46	2,15	1,89	1,49	1,21	1	0,84	0,72	0,62
24 cm	5,76	4	2,93	2,56	2,24	1,77	1,44	1,19	1	0,85	0,73
26 cm	6,76	4,69	3,44	3	2,64	2,08	1,69	1,39	1,17	1	0,86
28 cm	7,84	5,44	4	3,48	3,06	2,41	1,96	1,62	1,36	1,16	1

Bsp.:
Backformgröße des Rezeptes 20 cm > gewünschte Backformgröße 26 cm =
Die einzelnen Zutaten werden mit dem Wert 1,69 multipliziert

Zu beachten ist, dass sich dann auch die im Rezept angegebene Backzeit verändert. Kleinere Kuchen brauchen eventuell nicht so lange wie angegeben, größere Kuchen benötigen eine längere Backdauer.

Vorbereitung kurz vor dem Backen

Um eine gelungenes Backergebnis zu erzielen, gibt es eine paar Dinge in der Vorbereitung zu beachten:

- Zu Beginn jeden Backens sollte der Backofen in der angegebenen Backtemperatur vorgeheizt werden. Vor allem vegane Kuchen sollten nach dem Zusammenrühren der Zutaten rasch in den Ofen, damit das Backtriebmittel nicht schon in der Wartezeit „verpufft“ und der Teig dann im Ofen nicht mehr aufgehen kann.

- Back- oder Springformen sollten gründlich gefettet und leicht mit Mehl ausgestäubt werden. So verhindert man, dass der Kuchen in der Form hängen bleibt.

Tipps während und nach dem Backen

- Backtemperaturen und -zeiten lassen sich nie exakt angeben, da jeder Backofen sehr individuell backt. Da kennt jede Bäckerin bzw. jeder Bäcker seinen eigenen Ofen am besten!

- Angegebene Temperaturen und Zeiten sind daher immer Richtwerte. Um herauszufinden, wann der Kuchen gar ist, empfiehlt sich eine Stäbchenprobe. Dabei wird ein Schaschlikspieß in den Kuchen gepikst und wieder herausgezogen. Haftet noch Teig daran, muss der Kuchen noch einige Minuten backen. Ist er sauber, so ist der Kuchen fertig.

- Fertige Kuchen sollten immer in der Form abkühlen. Der Kuchen ist direkt nach dem Backen empfindlich und sehr weich. Er härtet mit dem Abkühlen nach. Gut abgekühlte Kuchen lassen sich unbeschadet aus der Form nehmen.

Veganes Backen

Informationen zu den Zutaten

Ei-Ersatz Oft stellt sich die Frage, wie sich das Ei in Teigen und Rührmassen ersetzen lässt. Im Handel gibt es unterschiedliche Ei-Ersatzprodukte, die sich schnell und einfach verwenden lassen. Ganz einfach lässt sich das Ei jedoch durch pflanzliche Zutaten ersetzen, wenn man sich bewusst macht, welche Funktion es im Teig erfüllt. Das Ei hat sechs verschiedene Funktionen:

Saftigkeit: Für saftige Rührmassen lässt sich das Ei durch Apfelmus oder Banane ersetzen. Grundsätzlich gilt: ½ reife Banane oder 1 ½ Esslöffel Apfelmus entsprechen einem Ei.

Bindung: Um mehr Bindung, beispielsweise in einem Cookie-Teig, zu erhalten, kann das Ei durch gemahlene Leinsamen ersetzt werden. Grundsätzlich gilt: 1 Esslöffel gemahlene Leinsamen + 3 Esslöffel Wasser entsprechen einem Ei.

Lockerung: Mehr Lockerung erhält man durch die Zugabe von Backpulver oder Natron; ½ TL Backpulver entspricht dabei ungefähr einem Ei. In Rührteigen kann auch der Anteil der Pflanzenmilch durch einen Schuss Mineralwasser ersetzt werden. Die Kohlensäure gibt dem Kuchen zusätzlich Auftrieb.

Mürbe: Die Mürbe beschreibt die feine etwas brüchige Konsistenz, die man auch von Mürbeteig kennt. Diese lässt sich durch die Zugabe von Fett in Form von Margarine, Öl oder Kokosfett nachempfinden.

Farbe & Geschmack:
Veganen Kuchen fehlt oft die gewohnte Farbe, weil sie kein Eigelb enthalten. Mit einer Prise Kurkuma kann man hier nachhelfen.

Pflanzliche Milchalternativen Im Supermarkt findet sich eine große Auswahl an Milchalternativen. Die gängigsten sind Hafer-, Soja- oder Mandelmilch. Grundsätzlich kann beim Backen die Milch frei nach dem eigenen Geschmack gewählt werden.
Für Puddings oder Cremes, bei denen die Pflanzenmilch mit Stärke aufgekocht wird, empfehlen wir Soja- oder Kokosmilch. Manche Pflanzenmilchsorten enthalten von Natur aus oder von der Industrie zugeführt das Enzym Amylase, das die Stärke zersetzt und somit das Binden der Milch unmöglich macht.

Fette Beim veganen Backen verwenden wir Margarine oder geschmacksneutrale Öle. Dafür eignen sich besonders Sonnenblumen- und Rapsöl. Kokosöl hat einen Eigengeschmack, lässt sich aber gut zum Backen verwenden.

Triebmittel Um dem Gebäck den nötigen Auftrieb zu geben und es damit lockerer zu machen, geben wir Backpulver in unsere Teige. Oftmals verwenden wir auch Natron in Verbindung mit einem Löffel Essig. Der Essig funktioniert als natürlicher Katalysator und bringt in Verbindung mit Natron Luftigkeit und Lockerung ins Gebäck. Der Essiggeschmack verflüchtigt sich dabei.

Quark- & Sahnealternativen Der Handel bietet mittlerweile einige Alternativen zu herkömmlicher Sahne, Frischkäse und Co. Meist sind diese auf Soja-, Hafer- oder Kokosbasis oder einer Basis aus Erbsen- oder Linsenproteinen hergestellt. Grundsätzlich kann die Wahl nach eigener Vorliebe getroffen werden. Bei „Sahnen" sollte auf der Verpackung gekennzeichnet sein, dass sie sich gut aufschlagen lassen. Das garantiert einen guten Stand bei Torten.

Bindemittel Um Massen, Cremes oder Fruchtpürrees zu binden und schnittfest zu bekommen, eignet sich Agar-Agar. Agar-Agar ist rein pflanzlich und wird aus Blau- und Rotalgen gewonnen. Es muss in kalter Flüssigkeit aufgelöst und aufgekocht werden, um seine Wirkung zu entfalten. Die Gelierkraft ist dabei sechs- bis zehnmal stärker als bei herkömmlichen Geliermitteln wie Gelatine.

Tipps und Tricks

Zubereitung Vegane Teige sollten so wenig wie möglich gerührt werden. Daher verwendet ihr zum Vermengen am besten einen Schneebesen oder Teigschaber. Durch langes Rühren setzt ihr im Mehl das Klebereiweiß frei, was dazu führt, dass der Teig schwer wird und der Kuchen nach dem Backen statt locker und fluffig eher fest und speckig ist.
Daher alle Zutaten nur so lange vermengen, bis sich gerade so alles zu einer Masse verbunden hat.
Bei den meisten veganen Rezepten lassen sich in der Vorbereitung alle trockenen sowie alle feuchten/flüssigen Zutaten vorher mischen und dann zügig gemeinsam zu einem Teig vermengen.

Backtemperatur Die Backtemperatur ist immer vom jeweiligen Backofen abhängig und kann variieren. Grundsätzlich werden vegane Kuchen meistens bei:
175/180°C Ober/Unterhitze oder
155/160°C Umluft auf der mittleren Schiene gebacken

Backtag:
Samstag

Beruf:
Mathematikerin, Softwareentwicklerin

Isst am liebsten:
echt schwierig … Käsekuchen

Backt am liebsten:

Perlkuchen

Was verbindet dich mit dem Kauz:
Freude am Backen, die netten Leute und der Kaffee. Ich bin an einem besonderen Moment meines Lebens hier eingestiegen, das Kauz ist mehr als backen, alles drumherum, das Team … als ich zum ersten Mal hier gebacken habe, hab ich mir gedacht, es hat sich ein Traum erfüllt.

Herausforderung vegan:
Ich ess es selber selten. Bis zum Backen im Kauz hatte ich wenig Bezug dazu und lerne immer noch dazu.

Was hat dich zum Backen gebracht:
Nach dem Abi wusste ich nichts mit mir anzufangen und habe mir die Zeit mit Backen vertrieben.

Malheure:

Ich wollte eine zweifarbige Biskuitrolle machen, das war alles andere als ein Kuchen. Beim Rausholen aus dem Ofen ist mir ein Kuchen runtergefallen.

Obstkuchen

Zu dem feinen Lavendel empfehlen wir einen handgebrühten Kaffee.

Aprikosen-Walnusskuchen mit Lavendel

Zutaten
für eine Springform (24 cm)

180 g Margarine
2 EL Walnussöl
100 g Zucker
1 Vanilleschote, das ausgekratzte Mark
1 Prise Salz
120 g gemahlene Mandeln
250 g Apfelmus
120 g Walnüsse, grob gehackt
90 g Mehl
1 Bio-Zitrone (Abrieb)
2-4 TL Lavendelblüten, frisch oder getrocknet (2+2)
600 g Aprikosen, entsteint und halbiert (frisch oder Konserve)
3 EL Aprikosenkonfitüre

Den Ofen auf 180 °C Ober- und Unterhitze vorheizen.

Margarine und Öl mit Zucker, Vanillemark und Salz weißschaumig rühren, dann die gemahlenen Mandeln unterrühren. Das Apfelmus langsam einrühren, bis alles gut vermischt ist. Walnüsse, Mehl, Zitronenabrieb und 1–2 TL von den Lavendelblüten dazugeben und gut unterrühren. Den Teig in eine gefettete Springform geben und mit den halbierten Aprikosen belegen. Die Früchte dürfen sich gern etwas überlappen.

Den Kuchen ca. 45–65 Minuten backen.

Zum Servieren wird der Kuchen aprikotiert. Die Aprikosenkonfitüre etwas erwärmen und den Kuchen damit bepinseln.

Kirsch-kuchen

Zutaten
für eine Springform (26 cm)

200 g Margarine
180 g Zucker
etwas Vanillezucker
1 EL Pflanzenmilch (s. S. 10)
Abrieb einer Bio-Zitrone
250 g Mehl
2 TL Backpulver
8–10 EL Apfelmus

1 Glas Kirschen
eine Handvoll Mandelblättchen

Den Ofen auf 175 °C Ober- und Unterhitze vorheizen.

Die Margarine mit dem Zucker, dem Vanillezucker, der Pflanzenmilch und dem Abrieb der Zitrone schaumig rühren. Das Mehl mit dem Backpulver mischen, mit dem Apfelmus in den Teig geben und kurz mit den restlichen Zutaten verrühren. Wenn der Teig zu trocken ist, kann noch etwas mehr Apfelmus hinzugefügt werden.

In die gefettete Form unten die Mandelblättchen verteilen. Anschließend noch etwas Zucker darüberstreuen, so wird der Boden schön knusprig. Den Teig auf den Mandelblättchen verteilen und glatt streichen.

Die Kirschen abgießen und abtropfen lassen, auf dem Teig verteilen und etwas in den Teig eindrücken.

Den Kuchen für 45 Minuten im vorgeheizten Ofen backen.

Pfirsich-Himbeer-Kuchen mit Chia-Samen

Zutaten
für eine Springform (28 cm)

360 g Mehl
5 TL Backpulver
2 Pk Vanillezucker
150 g Rohrzucker
2,5 EL Chiasamen (in etwas Wasser eingeweicht)
veganes Ei-Ersatzpulver für 3 Eier (s. S. 10)

300 ml Sojamilch oder veganer Joghurt
120 ml Öl
60 ml Sprudelwasser (je nach veganem Ei-Ersatz)

1 große Dose Pfirsich in Spalten (Abtropfgewicht 500 g)
ca. 100 g Himbeeren (frisch oder Tk)
Puderzucker

Den Ofen auf 160 °C Umluft vorheizen.

Die trockenen Zutaten in einer Rührschüssel gut verrühren. In einer weiteren Schüssel die flüssigen Zutaten vermischen, dann zügig unter die Mehl-Mischung rühren, sodass ein mittelschwerer Rührteig entsteht.

Den Teig in eine mit Backpapier ausgelegte Springform geben.

Die Pfirsichspalten oben auf dem Teig verteilen und leicht in den Teig drücken. Sie sollten nicht komplett im Teig versinken. Dazwischen die Himbeeren setzen.

Den Kuchen im vorgeheizten Ofen etwa 40 Minuten backen (Stäbchenprobe machen). In der Form auskühlen lassen.

Zum Schluss mit Puderzucker bestreuen.

HEUTE
R EUCH
EBACKEN
ALEX

Birnen-kuchen

Zutaten
für eine Springform (26 cm)

350 g Mehl
1 Prise Salz
6 EL Kakao
130 g Zucker
1 Pk Vanillezucker
1 Prise Zimt

100 ml Kokosöl
500 ml Pflanzenmilch (s. S. 10)
100 g Walnüsse (5 davon für die Deko)
100 g Zartbitterschokolade
600 g kleine Birnen

Den Ofen auf 160 °C Umluft vorheizen.

In einer Schüssel die trockenen Zutaten miteinander vermischen.

Das Kokosöl erwärmen, mit der pflanzlichen Milch zu den trockenen Zutaten geben und kurz verrühren. Die Walnüsse und die Schokolade hacken und unter den Teig heben. Ca. 5 Walnüsse für die Deko zurückbehalten. Der Teig in eine Springform gegeben. Die Birnen waschen, schälen, entkernen und vierteln. Die Birnenviertel in den Teig drücken. Die restlichen Walnüsse hacken und oben auf dem Kuchen verteilen.

Im vorgeheizten Ofen ca. 45 Minuten backen.

Birnenkuchen UpsideDown

Zutaten
für eine Springform (28 cm)

2 große Birnen
(ungeschält ca. 600 g)
80 g Rohrzucker
80 g Margarine

für den Teig
340 g Mehl
1 TL gemahlener Zimt
1 Pk Backpulver
1 TL Ingwer, gemahlen
160 g Rohrzucker
60 g Zucker
20 g Vanillezucker

200 ml
geschmacksneutrales Öl
3 EL Rum
180 ml Pflanzenmilch
(ich nehme am liebsten
Mandel)

Den Ofen auf 175 °C Ober- und Unterhitze vorheizen

Eine Springform mit Backpapier auslegen, dünn mit Margarine bestreichen und mit Zucker bestreuen.

Die Birnen eventuell schälen, entkernen, in Schnitze schneiden und in der Form auslegen. Der Kuchen wird später gestürzt, und die Birnen liegen dann oben.

Für den Teig das Mehl mit Zimt und Backpulver in eine Schüssel sieben. Ingwer und die drei Zuckersorten untermischen. Öl, Rum und Pflanzenmilch nur kurz unterrühren.

Den Teig auf die Birnen geben und verstreichen. Das geht am besten mit einem angefeuchteten Spatel, da der Teig recht zäh ist.

Im vorgeheizten Ofen ca. 40–45 Minuten backen. Auf dem Ofen holen, in der Form etwas abkühlen lassen. Mit einem Messer den Ring der Form vom Teig lösen, erst dann stürzen, den Ring und danach den Boden der Form entfernen und das Backpapier vorsichtig abziehen.

Knuspriger Apfelkuchen

Zutaten
für eine Springform (26 cm)

600–700 g Äpfel

für den Teig
300 g Mehl
4 TL Backpulver
1 Pk Vanillepuddingpulver oder Speisestärke
125 g Zucker
100 ml Öl
250 ml Pflanzenmilch (s. S. 10)
1TL Zimt (gemahlen)

für den Belag
75 g Margarine
100 g Zucker
2 EL Pflanzenmilch (s. S. 10)
100 g Mandelblättchen

Die Äpfel schälen, entkernen und in feine Scheiben schneiden

Den Ofen auf 160 °C Umluft vorheizen.

Für den Teig das Mehl mit dem Backpulver mischen, die übrigen Zutaten hinzufügen und kurz zu einem glatten Teig verrühren. Den Teig in eine gefettete Springform füllen und glatt streichen.

Die Äpfel auf dem Teig verteilen.

Den Kuchen 45 Minuten im vorgeheizten Ofen backen.

Währenddessen den Mandelbelag vorbereiten. Margarine mit dem Zucker und der Pflanzenmilch in einem Topf zerlassen. Mandelblättchen hinzufügen und unter Rühren etwa 3 Minuten kochen. Die Masse nach der ersten Backzeit vorsichtig auf den Kuchen streichen und verteilen.

Den Kuchen weitere 15 Minuten backen, bis die Mandelblättchen schön gebräunt sind.

Ein Espresso Macchiato ist dazu oberlecker.

Dattelkuchen

Zutaten
für eine Springform (24 cm)

2 Tassen Datteln (getrocknet, möglichst entsteint)

für den Rührteig
1 Tasse Margarine
1 EL Brauner Zucker
2 Tassen Mehl
1 TL Backpulver
100 g Leinsamen (10 Minuten in Wasser einweichen) oder 120–160 g Apfelmus

für die Abdeckung
2 Tassen Kokosraspeln
1 EL brauner Zucker
1–2 EL Margarine
2–3 EL Hafer- oder Sojamilch

Die Datteln in etwas Wasser auf kleiner Flamme weich kochen, dabei immer wieder umrühren, damit die Masse nicht anbrennt. Wenn die Datteln musig werden, vom Herd nehmen und abkühlen lassen.

Den Ofen auf 180 °C Umluft vorheizen.

Für den Rührteig Margarine mit Zucker schön schaumig schlagen, dann Mehl mit Backpulver mischen und unterrühren. Den eingeweichten Leinsamen oder das Apfelmus dazugeben.

Den Teig in eine Springform geben und die abgekühlte Dattelmasse darauf verteilen.

Für die obere Schicht die Kokosflocken mit dem Zucker mischen, dann nacheinander Margarine und Pflanzenmilch hinzufügen. Alles gut miteinander verrühren und auf die Datteln geben.

Im vorgeheizten Ofen etwa 35–40 Minuten backen.

Backtag:
Mittwoch

Beruf:
Sozialpädagogin

Isst am liebsten:

die sogenannten „trockenen Kuchen“, die bei mir aber schon saftig sein sollten, z. B. Nusskuchen …

Backt am liebsten:
eher „normale Sachen“, kein Chichi, das kann ich nicht, und Torten kann ich schon gar nicht.

Was verbindet dich mit dem Kauz:
Seit Anbeginn des Cafés darf ich für Evita, meine Esslinger Tochter :), backen.

Herausforderung vegan:
Ich liebe das Reisen und habe zum Beispiel das Rezept für den Dattelkuchen aus Tansania mitgebracht und so lange experimentiert, bis es sich unter den hiesigen Voraussetzungen nachbacken ließ. Diese Freude am Entdecken und Probieren hilft mir auch bei den veganen Kuchen.

Was hat dich zum Backen gebracht:
Das Backen habe ich durch „learning by doing“ für meine Familie gelernt.

Malheure:

Mein größtes Malheur war mal die doppelte Gabe an Backpulver … der Kuchen ist buchstäblich aus dem Backofen gelaufen.

Tartes

Schoko-Orangentarte

Zutaten
für eine Tarteform (30 cm)

für den Mürbeteig
200 g Mehl
50 g Haselnüsse, gemahlen
25 g Kakaopulver
140 g vegane Butter
60 g Zucker
60 ml Pflanzenmilch (s. S. 10)

für den Belag
3 Orangen
150 g Orangenmarmelade

für die Schoko-Füllung
150 g Zartbitterschokolade
300 g vegane Sahne (s. S. 11)
2 TL Puderzucker

für die Ganache
75 g vegane Sahne
150 g Zartbitterschokolade

Den Ofen auf 155 °C Umluft vorheizen.

Für den Mürbeteig alle Zutaten miteinander verkneten. Den Teig ausrollen und eine Tarteform damit auskleiden. Den Teigboden mit einem Backpapier abdecken und mit Hülsenfrüchten (Erbsen, Linsen ...) beschweren. Im heißen Ofen ca. 10 Minuten blindbacken. Dann die Form aus dem Ofen nehmen. Backpapier und Hülsenfrüchte abnehmen und den Boden für weitere 5–8 Minuten backen.

Die drei Orangen schälen und filetieren. Orangenmarmelade auf dem Tarteboden verstreichen und die Orangenfilets darauf verteilen.

Zartbitterschokolade in einem Wasserbad schmelzen und etwas abkühlen lassen. Vegane Sahne mit dem Puderzucker steif schlagen. Die Zartbitterschokolade unter ständigem Rühren in einem dünnen Strahl unter die Sahne schlagen, bis eine homogene Schokosahne entsteht. Die Schokosahne anschließend auf der Orangenschicht verteilen. Nach Belieben etwas Schokosahne in einem Spritzbeutel zum späteren Dekorieren zurückbehalten.

Für die Ganache die vegane Sahne aufkochen und sofort über die Zartbitterschokolade geben. Kurz stehen lassen, dann rühren, bis eine homogene Masse entsteht. Die Ganache vorsichtig auf der Schokosahne verstreichen und alles bis zum Verzehr kühl stellen. Mit der restlichen Schokosahne die Tarte nach Gusto verzieren.

MEGA
GUT

Zu so viel Orange schmeckt uns der Espresso besonders gut.

Mohnkuchen

Zutaten
für eine Springform (26 cm)

für den Mürbeteig
500 g Mehl
5 EL Zucker
Abrieb einer halben Bio-Zitrone
250 g kalte vegane Butter
8 EL Eiswasser oder sehr kaltes Wasser

für die Füllung
750 ml Pflanzenmilch (s. S. 10)
150 g Weichweizengrieß
300 g gemahlener Mohn
150 g Zucker
1 Pk Vanillepuddingpulver
50 g vegane Butter

für die Glasur
100 g Puderzucker
etwas Zitronensaft

Für den Mürbeteig die trockenen Zutaten in eine Schüssel geben und verrühren. Die vegane Butter in Würfel schneiden und mit einer Gabel einarbeiten, bis sich feine Streusel bilden. Das Eiswasser nach und nach hinzugeben, kneten, bis der Teig zusammenhält, wenn man ihn zusammenpresst.

Eine Springform einfetten und ⅔ des Teiges am Boden und mit der Hand am Rad festdrücken, bis der Teig gleichmäßig verteilt ist. Die Kuchenform mit dem Teig und auch das restliche Drittel im Kühlschrank ca. 30 Minuten kühl stellen.

Währenddessen die Füllung vorbereiten. Die Pflanzenmilch in einem Topf erhitzen, den Weichweizengrieß einrühren und 2–3 Minuten quellen lassen, bis die Mischung leicht eindickt. Danach Mohn, Zucker und das Vanillepuddingpulver hinzugeben. Unter Rühren 4–5 Minuten kochen. Den Topf vom Herd nehmen und die vegane Butter einrühren, die Masse nun etwas abkühlen lassen.

Den Ofen auf 175 °C Umluft vorheizen.

Die Masse in den Teig füllen und glatt streichen. Den restlichen Teig als Streusel auf der Masse verteilen. Den Kuchen 50–60 Minuten im vorgeheizten Ofen backen.

Für die Glasur Puderzucker mit etwas Zitronensaft anrühren, bis die Masse eine dickflüssige Konsistenz hat. Den Zuckerguss über den abgekühlten Kuchen verteilen.

Orangentarte

Zutaten
für eine Tarteform (28 cm)

für den Boden
150 g Weizenmehl
45 g Zucker
75 g vegane Margarine
2-3EL kaltes Wasser nach Bedarf

für die Füllung
60 ml Ahornsirup
90 ml Nuss- oder Sojamilch
180 ml Orangensaft
Abrieb von einer Bio-Orange
1 Prise Salz
70 g Pflanzenmargarine
1 TL Kurkuma
25 g Speisestärke und 25 ml Wasser

für die Deko
200 ml vegane Sahne (s. S. 11)
1 Prise Sahnesteif
1 Prise Vanillezucker
Obst (Orange in Scheiben, Blaubeeren, Himbeeren ...)

Die Zutaten für den Boden zu einem Mürbeteig verkneten und mindesten 30 Minuten kalt stellen.

Den Teig zwischen Backpapier oder Frischhaltefolie ausrollen, in eine Tarteform geben, den Rand passend abschneiden und etwas festdrücken. Den Teig in der Form nochmal in den Kühlschrank stellen, während ihr die Füllung zubereitet.

Den Backofen auf 180 °C Ober- und Unterhitze vorheizen.

Den Boden mit einer Gabel mehrmals einstechen, ein Backpapier und Hülsenfrüchte auflegen, um den Teig blindzubacken. Im vorgeheizten Ofen 15–20 Minuten backen, nach 15 Minuten die Erbsen und das Backpapier entfernen

Ahornsirup, Nuss- oder Sojamilch und Orangensaft erhitzen. Den Orangenabrieb, Salz, Margarine und Kurkuma dazugeben und rühren, bis die Margarine geschmolzen ist. Die Speisestärke mit 25 ml Wasser glatt rühren. Die Stärke unter ständigem Rühren in die heiße Flüssigkeit geben, sodass keine Klümpchen entstehen. Die Mischung sollte nun eine cremige Konsistenz bekommen. Die Füllung vom Herd nehmen und ca 5 Minuten abkühlen, aber noch nicht fest werden lassen. Wenn doch Klumpen entstanden sind, den Pürierstab zur Hilfe nehmen. Die Füllung auf den abgekühlten Teig geben, nach 30 Minuten sollte sie so fest sein, dass die Tarte dekoriert werden kann.

Für die Deko die vegane Sahne mit 1 Prise Sahnesteif und 1 Prise Vanillezucker aufschlagen, in einen Spritzbeutel mit Tülle füllen und den Kuchen mit frischem Obst dekorieren.

Maroni-Kirsch-Tarte

Zutaten
für eine Tarteform (30 cm)

für den Boden
150 g Haferflocken, fein
150 g Mehl
90 g gemahlene Haselnüsse
2 TL Zimt
1 Prise Salz
95 g Kokosöl
95 g Agavendicksaft

1 Glas Kirschen (ca. 700 ml)
2 gehäufte TL Stärke

für die Maronicreme
100 g Zartbitterschokolade
450 ml Hafermilch
400 g vorgegarte Maroni
3 EL Kakaobutter
1,5 EL Agar-Agar (s. S. 11)
3 EL Agavendicksaft

Den Ofen auf 155 °C Umluft vorheizen.

Das Kokosöl bei niedriger Temperatur schmelzen. Haferflocken, Mehl, gemahlene Haselnüsse, Zimt und Salz vermischen und mit dem geschmolzenen Kokosöl und dem Agavendicksaft gleichmäßig vermengen. Die Masse fest in eine Tarteform drücken und im heißen Ofen ca. 20 Minuten backen.

Die Kirschen über einem Sieb abtropfen, den Saft auffangen und mit der Stärke verrühren. Den Saft aufkochen und zu einer puddingähnlichen Masse einkochen. Kirschen dazugeben und die fertige Kirschmasse auf den ausgekühlten Boden verteilen.

Für die Maronicreme alle Zutaten in einem Topf geben und erhitzen, bis die Schokolade geschmolzen ist. Alles fein pürieren und 3 Minuten sprudelnd kochen lassen. Maronicreme auf die Kirschmasse gießen und mindestens 4 Stunden, besser über Nacht auskühlen lassen.

Linzer Torte

Zutaten
Für eine Springform (26 cm) oder eine Tarteform

für den Mürbeteig
200 g Mehl
200 g Haselnüsse, gemahlen
180 g Zucker
20 g Kakaopulver
1 TL Zimtpulver

200 g vegane Butter (s. S. 11)
40 g Pflanzenmilch (s. S. 10)
20 g Kirschwasser (eventuell durch Pflanzenmilch ersetzen)

für Füllung und Dekoration
500 g säuerliche Marmelade (z.B. Johannisbeergelee)
3 EL Pflanzenmilch (s. S. 10)

zum Bestreichen
Pflanzenmilch oder -sahne (s. S. 10)

In einer Schüssel Mehl, Haselnüsse, Zucker, Kakao und Gewürze vermischen. Die vegane Butter klein würfeln und hinzugeben, dann die Pflanzenmilch und das Kirschwasser. Mit dem Knethaken verrühren, dann mit den Händen zu einem glatten Teig verkneten.

In Folie wickeln und 2 Stunden in den Kühlschrank stellen.

Den Backofen auf 175 °C Ober- und Unterhitze vorheizen.

¾ des Teigs ausrollen und in die gefettete Form legen. An den Wänden hochziehen. Das übrige ¼ des Teigs dünner ausrollen und in lange Streifen schneiden.

Für die Füllung die Marmelade mit der Pflanzenmilch verrühren und gleichmäßig auf dem Teigboden verteilen. Einen Rand lassen. Mit den Teigstreifen ein Gitter auf die Tarte legen. Mit der Pflanzenmilch oder -sahne bestreichen.

Im vorgeheizten Ofen ca. 40 Minuten goldbraun backen.

FRAU PIEP

Backtag:
Freitag

Beruf:
Schneiderin, Schnittdirectrice, Orthopädiemechanikerin

Isst am liebsten:

Alex' Schwarzwälder

Backt am liebsten:
gerne Außergewöhnliches, ich mag Herausforderungen beim Backen.

Was verbindet dich mit dem Kauz:
Ich hab mit Evita 3 Popup Bakeries gemacht.

Was hat dich zum Backen gebracht:
Ich mach's einfach schon immer gern, in meiner Familie war Kaffeetrinken und Kuchenessen gesetzt.

Herausforderung vegan:
Ich musste mich wirklich reinarbeiten und habe viel ausprobiert. Veganer Eischnee war ein langer Weg …

Malheure:

Die Creme war überall – es lief und lief und lief …
… und ich brauch mindestens 5 Timer beim Backen (daher kommt auch der Name Frau Piep)
… Lineal, und es wird alles ganz exakt abgewogen

Käsekuchen & Cheesecakes

Käsekuchen

Zutaten
für eine Springform (28 cm)

für den Boden
275 g Mehl
60 g Zucker
120 g vegane Butter
60 ml Pflanzenmilch (s. S. 10)

für die Käsemasse
150 g vegane Butter
70 g Stärke
1 TL Backpulver
250 g Zucker
800 g veganer Skyr
300 g veganer Frischkäse
etwas Zitronenabrieb

Den Ofen auf 160 °C Umluft vorheizen.

Für den Boden Mehl, Zucker, vegane Butter und Pflanzenmilch in eine Schüssel geben und zu einem geschmeidigen Teig verkneten. Auf einer bemehlten Arbeitsfläche kreisrund ausrollen und eine gefettete Springform damit auskleiden. Mit Folie abdecken und kalt stellen, solange die Käsekuchenmasse angerührt wird.

Für die Käsemasse die vegane Butter schmelzen und abkühlen lassen. Stärke mit Backpulver und Zucker vermischen und mit den restlichen Zutaten zu einer homogenen Masse rühren. Zum Schluss die flüssige vegane Butter unterrühren.

Die Käsekuchenmasse in die Springform füllen und im heißen Ofen ca. 75 Minuten backen. Der Kuchen sollte goldgelb sein, ist aber beim Herausholen aus dem Ofen noch „schwabbelig“, da die Käsekuchenmasse erst mit dem Abkühlen anzieht und fest wird.

Maracuja-Cheesecake

Zutaten
für eine Springform (28 cm)

für den Boden
300 g Karamellkekse (vegan, z.B. Lotus)
50 g Kokosraspel
100 g vegane Butter (flüssig)

für die Creme-Schicht
400 g Soja-Vanille-Joghurt
3-4 EL Zucker
4 g Agar-Agar (s. S. 11)
200 g vegane Sahne (s. S. 11)
5 Maracujas
evtl. etwas Speisestärke

Karamellkekse in der Küchenmaschine zu feinen Krümeln reiben und mit den Kokosraspeln vermengen. Flüssige Butter zu den Kekskrümeln geben und die Masse in einer Springform verteilen. Die Krümelmasse fest an Rand und Boden drücken und in den Kühlschrank stellen.

Soja-Vanille-Joghurt mit dem Zucker vermengen. Agar-Agar nach Packungsbeilage mit etwas Wasser anrühren und zwei Minuten sprudelnd aufkochen. 2–3 EL Joghurt zum Agar-Agar geben und glatt rühren, dann alles unter den Joghurt mischen. Vegane Sahne steif schlagen und vorsichtig unterheben. Eine Maracuja auskratzen. Saft und Fruchtfleisch unter die Joghurt-Sahne-Masse ziehen und in die Springform geben. Mindestens 4 Stunden, besser aber über Nacht im Kühlschrank anziehen lassen.

Den Maracujakuchen mit dem ausgekratzten Fruchtfleisch der übrigen Früchte dekorieren. Nach Belieben kann dies auch angedickt werden. Dafür 1 EL Speisestärke mit etwas kaltem Wasser anrühren. Maracujafruchtfleisch und Saft aufkochen, Stärke unterrühren und mit Zucker abschmecken. Etwas abkühlen lassen und auf den Kuchen geben.

CAFE
KAUZ

Brownie-Käsekuchen mit Beeren

Zutaten
für eine Springform (28 cm)

für den Brownie-Boden
100 g Zartbitterschokolade
120 ml Öl
2 TL Apfelessig
200 ml Pflanzenmilch (s. S. 10)

280 g Mehl
100 g Zucker
30 g Kakaopulver
1 TL Backpulver
1Prise Salz

für die Käseschicht
100 g vegane Butter
60 g Vanillepuddingpulver
40 g Mehl
100 g Zucker
800 g veganen Skyr
150 g veganer Frischkäse
1 Bio-Zitrone (Saft und Abrieb)

1 Pk veganer Tortenguss
200 ml dunkler Fruchtsaft
250 g Beeren der Wahl
(frisch oder Tk)

Den Ofen auf 160 °C Umluft vorheizen.

Für den Brownie-Boden die Zartbitterschokolade über einem Wasserbad schmelzen und mit Öl, Apfelessig und Pflanzenmilch mischen. Die trockenen Zutaten in eine Rührschüssel geben und mit der Schokoladenmischung vermengen, bis gerade so ein Teig entsteht. Den Brownieteig in eine mit Backpapier ausgekleidete Springform geben.

Für die Käseschicht in einem Topf die vegane Butter schmelzen und abkühlen lassen. In einer Schüssel Vanillepuddingpulver mit Mehl und Zucker mischen und mit dem veganen Skyr und dem veganen Frischkäse vermengen. Zum Schluss die vegane Butter sowie Zitronensaft und -abrieb unterrühren und die Käsemasse auf dem Brownieteig verteilen. Im heißen Ofen 50 Minuten backen und auskühlen lassen.

Für den Beerenspiegel Tortenguss nach Packungsangabe mit dem dunklen Fruchtsaft anrühren. Frische Beeren eventuell in mundgerechte Stücke zerteilen. Den Kuchen großzügig mit den Beeren belegen und mit dem Tortenguss bepinseln.

Panna-Cotta-Tarte mit Himbeeren

Zutaten
für eine Tarteform (30 cm)

für den Boden
340 g Karamellkekse (vegan, z.B. Lotus)
100 g vegane Butter

für die Füllung
1 Vanilleschote
500 g vegane Sahne (s. S. 11)
30 g Kokosöl
2 g Agar-Agar (s. S. 11)
50 ml Agavendicksaft

für den Himbeerspiegel
300 g Himbeeren (Tk)
200 ml schwarzer Johannisbeersaft
2 EL Stärke
1 EL Zucker

Vegane Karamellkekse in einer Küchenmaschine zu feinen Krümeln mahlen. Vegane Butter schmelzen und mit den Kekskrümeln vermengen. Die Masse gut in einer Tarteform festdrücken und den Boden sowie den Rand damit auskleiden. Den Boden im Kühlschrank bis zur weiteren Verwendung kalt stellen.

Die Vanilleschote auskratzen und Schote samt Mark mit veganer Sahne, Kokosöl, Agar-Agar und Agavendicksaft in einem Topf aufkochen. Mindestens 3 Minuten unter ständigem Rühren köcheln lassen. Die Panna Cotta etwas abkühlen lassen und in der Zwischenzeit den Himbeerspiegel herstellen.

Für den Himbeerspiegel Himbeeren mit dem schwarzen Johannisbeersaft aufkochen. Stärke und Zucker mit etwas kaltem Wasser anrühren und unter die Himbeeren rühren. Die Panna Cotta auf den Krümelboden geben und im Kühlschrank anziehen lassen. Sobald die Panna Cotta fest ist, den Himbeerspiegel darauf verteilen.

Backtag:
Samstag und früher Mittwoch

Beruf:
Studentin

Isst am liebsten:

alle Apfelkuchen

Backt am liebsten:
am liebsten Kuchen, die ich schon öfters gebacken habe und bei denen ich weiß, sie funktionieren.

Was verbindet dich mit dem Kauz:
das Backen und die Atmosphäre. Und es war mein erster Job, ich habe mit 16 während der Schule hier angefangen.

Was hat dich zum Backen gebracht:
Ich habe früher immer meiner Oma geholfen, und das hat mich sehr begeistert, übrigens der Apfelkuchen mit Mandeln ist von meiner Oma, sie hat es leider gar nicht mehr mitbekommen, dass ich hier backe.

Herausforderung vegan:
die ganzen Ersatzprodukte, sich an andere Sachen heranwagen

Malheure:

Der Biskuitkuchen ist durchgeweicht. Wir haben ihn dann als Kuchen im Glas verkauft.

Torten

Erdbeer-Kokos-Kuchen

Zutaten
für eine Springform (26 cm)

1 Dose Kokosmilch (kühl)
225 g Mehl
4 TL Backpulver
175 g Zucker
6 EL Sonnenblumenöl

etwas Vanilleextrakt
500 g Erdbeeren
nach Belieben 1 Pk veganer Tortenguss
Kokoschips zum Dekorieren

Den Ofen auch 175 °C Ober- und Unterhitze vorheizen.

Den festen Teil der Kokosmilch in eine Schüssel geben und beiseitestellen (wird noch benötigt).

Den flüssigen Teil mit Wasser auf 250 ml auffüllen. In einer Schüssel Mehl und Backpulver mischen und mit Zucker, Kokoswasser und dem Sonnenblumenöl zu einem glatten Teig verrühren. Den Teig in die gefettete Springform füllen, glatt streichen und im vorgeheizten Ofen 20–25 Minuten backen.

Die Erdbeeren waschen und in Scheiben schneiden.

Mit dem Handrührgerät den festen Teil der Kokosmilch mit dem Vanilleextrakt cremig aufschlagen. Diese Masse auf den abgekühlten Kuchenboden streichen. Rosettenförmig mit den Erdbeerscheiben belegen.

Bei Belieben den Tortenguss nach Packungsanleitung anrühren und auf den Erdbeeren von innen nach außen verteilen.

Der Kuchen kann mit etwas Kokoschips dekoriert werden.

Haselnuss-Kirsch-Torte

Zutaten
für eine Springform (26 cm)

170 g Haselnüsse, gemahlen
350 g Dinkelmehl, Type 630
100 g Rohrohrzucker
2,5 TL Backpulver
½ TL Zimt
1 Pk Vanillezucker

80 ml neutrales Pflanzenöl
350 ml Pflanzenmilch (s. S. 10)

für die Füllung
2 große Gläser Kirschen (ca. 1400 ml)
50 g Zucker
50 g Speisestärke

für die Creme
200 ml kalte vegane Sahne (s. S. 11)
1 PK Vanillezucker
1 Pk Sahnesteif

Den Ofen auf 175 °C Umluft vorheizen.

Alle trockenen Zutaten für den Rührteig mischen. Die flüssigen Zutaten mischen, zu den trockenen geben und vorsichtig mit einem Teigschaber vermengen. Den Teig in eine gefettete Springform geben und 20–25 Minuten im vorgeheizten Ofen backen.

Inzwischen die Kirschen abgießen, den Sirup oder Saft auffangen und 300 ml beiseitestellen. In 100 ml Kirschsirup die Stärke und den Zucker auflösen. Den Rest des Sirups in einem Topf erhitzen und zum Kochen bringen. Die Hitze reduzieren und das Zucker-Stärke-Gemisch einrühren. Die Masse noch einmal kurz aufkochen. Den Topf vom Herd nehmen und die Kirschen hinzufügen. Die Kirschmasse auf dem Kuchen verteilen und komplett abkühlen lassen.

Für die Creme die kalte vegane Sahne mit Vanillezucker und Sahnesteif aufschlagen und auf dem Kuchen verteilen

Pfirsichtorte

Zutaten
für eine Springform (20 cm)

für den Boden
180 g Mehl
120 g Zucker
15 g Vanillezucker
10 g Backpulver

35 ml neutrales Öl
190 ml Sprudelwasser

360 g halbierte Pfirsiche aus der Dose

für die Creme
160 ml vegane Sahne (s. S. 11)
2 EL Sahnesteif
3 TL Vanillezucker
150 ml Sirup von den Pfirsichen aus der Dose
25 g Agar-Agar (s. S. 11)
600 g veganer Quark oder Skyr
80 g Zucker

für die Deko
50 g Pistazien

Die trockenen Zutaten für den Boden vermischen, Öl und Sprudelwasser kurz unterrühren.

Den Ofen auf 180 °C Ober- und Unterhitze vorheizen, Teig in eine gefettete Form füllen und ca. 25 Minuten backen (Stäbchenprobe).

Die Pfirsiche abgießen, den Sirup auffangen und beiseite stellen.

Einen Tortenring um den Kuchen fixieren und die halbierten Pfirsiche auf den Teig legen.

Für die Creme vegane Sahne mit Sahnesteif und Vanillezucker aufschlagen und in den Kühlschrank stellen. Pfirsichsirup und Agar-Agar mit dem Schneebesen gut verrühren, aufkochen und 2 Minuten stark kochen lassen, dabei ständig rühren.

Den Topf vom Herd nehmen und den veganen Quark bzw. Skyr und den Zucker esslöffelweise einrühren.

Die Masse fast komplett abkühlen lassen, je nach Konsistenz noch einmal aufschlagen, mit der geschlagenen Sahne verrühren und dann auf den Pfirsichen verteilen und glatt streichen.

Am besten über Nacht kühlen.

Die Pistazien klein hacken und damit den Kuchen dekorieren.

Kokostorte

Zutaten
für eine Springform (20 cm)

für die Böden
360 ml Pflanzenmilch (s. S. 10)
1 EL Apfelessig
120 ml neutrales Öl

2TL Vanilleextrakt
300 g Mehl
2 EL Speisestärke
200 g Zucker
2 TL Backpulver
1TL Natron
1TL Salz

für die Creme
200 g vegane Schlagsahne (s. S. 11)
1 Päckchen Sahnesteif
1 Dose Kokosmilch (gut gekühlt)
50 g Puderzucker
50 g Kokosraspeln

Den Apfelessig in die Pflanzenmilch rühren und warten, bis die Milch gerinnt. Das Öl hinzugeben.

In einer weiteren Schüssel die trockenen Zutaten vermengen und zu der Öl-Milch-Mischung sieben. Mit dem Schneebesen verrühren.

Den Ofen auf 175 °C Ober- und Unterhitze vorheizen.

In einer Springform entweder den Teig in zwei Hälften teilen und nacheinander zwei einzelne Böden je 23–25 Minuten backen. Oder einen hohen Kuchen 35–40 Minuten backen und diesen nach dem Abkühlen in zwei gleichmäßige Böden schneiden.

Für die Creme die Sahne mit dem Sahnesteif laut Packungsanleitung steif schlagen. Von der gut gekühlten Kokosmilch die feste Kokoscreme, die durch das Kühlen entsteht, abnehmen (das zurückbleibende Wasser anderweitig verarbeiten, zum Beispiel in einer leckeren Linsen-Kokos-Suppe).

Die Kokoscreme mit Puderzucker und Kokosraspeln vermischen und die geschlagene Sahne unterheben.

Mit den Böden zu einer Torte schichten und entweder mit Kokosflocken und/oder veganen Kokosbällchen dekorieren.

vegane Kokosbällchen
35 g Kokosöl
65 g Kokosmus (aus Kokosraspeln im Hochleistungsmixer selber herstellen)
20 g Mandelmus
30 g Kokosraspeln
25 g Ahornsirup
ca. 15 ganze Mandeln

Kokosöl, Kokosmus und Mandelmus zusammen über dem Wasserbad schmelzen.

Kokosraspeln und Ahornsirup einrühren. Die Masse 30 Minuten im Gefrierschrank kühlen.

Aus der gekühlten Masse Bällchen formen, je eine Mandel eindrücken und die Masse darum verschließen. In Kokosraspeln wälzen

Beerentorte

Zutaten
für eine Springform (28 cm)

für den Boden
340 g Mehl
200 g Zucker
3 EL Stärke
3 TL Backpulver
3 EL gemahlener Mohn

160 ml Sprudelwasser
140 ml Öl
160 ml Pflanzenmilch (s. S. 10)

für die Füllung
400 g Blaubeeren (200+200)
2 TL Agar-Agar (s. S. 11)
160 g Zucker
500 g vegane Sahne (s. S. 11)
300 g veganer Frischkäse
1 Bio-Zitrone (Saft und Abrieb)
Blaubeermarmelade

Den Ofen auf 160 °C Umluft vorheizen.

Die trockenen Zutaten in eine Rührschüssel geben. Sprudel, Öl und Pflanzenmilch vermengen und zu den trockenen Zutaten geben. Alles kurz mit dem Schneebesen verrühren und in eine mit Backpapier ausgelegte Springform geben. Im heißen Ofen 50–60 Minuten backen.

In einem Topf 200 g Blaubeeren pürieren, mit Zucker und Agar-Agar vermischen und 3 Minuten sprudelnd köcheln lassen. Das Blaubeerpüree abkühlen lassen. Vegane Sahne und Frischkäse zu einer festen Creme aufschlagen und das Blaubeerpüree vorsichtig unterrühren. Die Füllung nach Geschmack mit etwas Zitronensaft und -abrieb abschmecken.

Den Tortenboden aus der Form lösen und horizontal einmal durchschneiden, sodass zwei Böden entstehen. Einen Tortenring um den ersten Boden stellen und den Boden mit etwas Blaubeermarmelade bestreichen. Die Hälfte der Creme darauf verteilen und mit Blaubeeren belegen. Ein paar Blaubeeren zur Deko beiseitelegen.

Den zweiten Boden aufsetzen und die restliche Creme darauf verteilen. Mit den Blaubeeren dekorieren.

Apfel-Mohn-Torte mit Zimtsahne

Zutaten
für eine Springform (28 cm)

für den Mürbeteig
275 g Mehl
60 g Zucker
120 g vegane Butter
60 ml Pflanzenmilch
(s. S. 10)

für die Mohnfüllung
60 g Puddingpulver
90 g Zucker
400 ml Sojamilch
(6 EL + Rest)
200 g Dampfmohn

für die Apfelfüllung
750 g Äpfel
3 TL Mehl
40 g Zucker
1 Zitrone (Saft)

für die Sahneschicht
300 ml vegane Sahne
(s. S. 11)
1 Pk Vanillezucker
Zimt

Aus Mehl, Zucker, veganer Butter und Pflanzenmilch einen Mürbeteig herstellen. Auf einer bemehlten Arbeitsfläche kreisrund ausrollen und eine gefettete Springform damit auskleiden. Mit Folie abdecken und kalt stellen.

Puddingpulver mit Zucker und 6 EL der Sojamilch klümpchenfrei anrühren. Die restliche Sojamilch mit dem Dampfmohn aufkochen und mit dem angerührten Puddingpulver abbinden. Es sollte eine puddingähnliche Masse entstehen.

Den Ofen auf 180 °C Ober- und Unterhitze vorheizen.

Die Äpfel schälen, entkernen und in kleine Würfel schneiden. Mit Mehl, Zucker und dem Saft einer Zitrone vermischen.

Den Teigboden in der Springform mit der Mohnmasse befüllen, die Äpfel auf die Mohnmasse geben und alles im heißen Ofen 50 Minuten backen.

Sahne mit Vanillezucker und Zimt nach Geschmack steif schlagen und auf den ausgekühlten Kuchen streichen oder mit dem Spritzbeutel dekorieren.

Ein Cortado geht immer: kleines Getränk, aber viel Geschmack.

Frankfurter Kranz

Zutaten

für den Rührteig
450 g Mehl
16 g Backpulver
250 g Zucker
8 g Vanillezucker

500 ml Sprudelwasser
100 ml Öl

für die Füllung
1 l Pflanzenmilch (Soja- oder Kokosmilch, s. S. 10)
Vanillepuddingpulver für 1 l
200 g Pflanzenmargarine
50 g Puderzucker
etwas Johannisbeergelee
ca. 150 g Haselnusskrokant zum Dekorieren
Dekokirschen

Den Ofen auf 180 °C Ober- und Unterhitze vorheizen.

Für den Rührteig die trockenen Zutaten vermengen, dann die feuchten Zutaten kurz einrühren.

Eine Kranzform oder eine Springform mit Rohrboden einfetten und mit Mehl bestäuben. Den Teig einfüllen. Im vorgeheizten Ofen 40 Minuten backen. Den Kuchen abkühlen lassen.

Inzwischen den Pudding laut Packungsanleitung kochen, mit Frischhaltefolie bedecken und abkühlen lassen (dabei die Margarine schon neben den Pudding legen, damit sie die gleiche Temperatur hat).

Die Margarine mit dem Puderzucker aufschlagen, den Pudding Stück für Stück einrühren.

Den abgekühlten Kuchen in 3 Böden schneiden

Die Böden erst mit Gelee und dann mit je 1 cm Buttercreme bestreichen und aufeinander setzen. Den Kuchen von außen mit der restlichen Buttercreme bestreichen. Mit Haselnusskrokant dekorieren, eventuell eine kleine Menge der Buttercreme in einen Spritzbeutel füllen, kleine Tupfen aufspritzen und diese mit Dekokirschen garnieren.

Erdnusstorte

Zutaten
für eine Springform (20 cm)

für den Boden
175 g Mehl
8 g Backpulver
20 g Kakao
1 Prise Salz
110 g Zucker

175 g Pflanzenmilch (s. S. 10)
70 g Öl
30 g Sprudelwasser

für die Karamellsauce
200 g vegane Sahne (s. S. 11)
90 g Zucker
1 Handvoll Erdnüsse (gehackt)

für die Erdnuss-Sahne
250 g vegane Sahne
200 g Erdnussbutter (nach Geschmack cremig oder crunchy, gerne leicht gesalzen)

für die Deko
1-2 EL Puderzucker
100 g Schokolade

Für den Boden den Ofen auf 175 °C vorheizen.

Die trockenen Zutaten in einer Schüssel vermischen. Milch und Öl vermixen und mit einem Kochlöffel unter die Mehl-Mischung rühren, zuletzt den Sprudel unterrühren. Den Teig in eine gefettete und bemehlte Springform füllen und 40–45 Minuten im vorgeheizten Ofen backen. Den fertigen Schokoboden komplett abkühlen lassen.

Für die Karamellschicht die vegane Sahne lauwarm erwärmen. In einer beschichteten Pfanne 90 g Zucker hellbraun karamellisieren (nicht rühren!). Mit der Sahne ablöschen, verrühren und alles zu einer glatten Creme kochen, die Erdnüsse unterrühren.

Für die Erdnuss-Sahne die Sahne mit dem Puderzucker aufschlagen, dann die Erdnussbutter untermixen. Die fertige Creme kalt stellen.

Beim Aufbau den Boden auf eine Tortenplatte legen. Einen Tortenring darum legen. Das Erdnusskaramell auf den Boden streichen. Die Erdnuss-Sahne darauf verteilen. Zuletzt als Deko die Schokolade im Wasserbad schmelzen und über die Torte sprenkeln.

Torta della Nonna

Zutaten
für eine Tarteform (28 cm)

für den Boden
500 g Mehl
2,5 TL Backpulver
1 TL Salz
160 g Zucker
190 g Pflanzenmargarine – kalt und in kleine Stücke geschnitten
95 ml Pflanzenmilch (s. S. 10)

für die Füllung
1 Dose Kokosmilch
3 TL Vanilleextrakt
2 EL Abrieb einer Bio-Zitrone
190 ml Mandelmilch
2,5 Pk Vanillepuddingpulver (ca. 100 g)
120 g Zucker
190 g veganer Frischkäse oder Quark

100 g Mandelblättchen
70 g Pinienkerne

Alle Zutaten für den Boden mit dem Knethaken zu einem Mürbeteig verarbeiten, einwickeln und kalt stellen.

Für die Füllung aus allen Zutaten außer dem Frischkäse oder Quark einen Pudding kochen. Mit Frischhaltefolie abdecken und komplett auskühlen lassen.

⅔ des Mürbeteigs ausrollen, dann in eine Tarteform geben (geht am besten zwischen zwei Lagen Frischhaltefolie oder Backpapier) und mit einer Gabel ein paarmal einstechen. Die Form noch einmal in den Kühl- oder Gefrierschrank stellen.

Den Ofen auf 180 °C Ober- und Unterhitze vorheizen.

Den abgekühlten Pudding mit dem veganen Frischkäse oder Quark cremig mixen und auf dem Mürbeteigboden verteilen.

Den restlichen Teig kreisrund ausrollen und vorsichtig über den Pudding legen.

Mandelblättchen und Pinienkerne auf den Kuchen streuen und alles im vorgeheizten Ofen ca. 45 Minuten backen, bis der Teig leicht gebräunt ist. Die Frischkäsepuddingcreme wird beim Backen evtl. sehr flüssig, sollte beim Abkühlen aber wieder fest werden.

Kuchen abkühlen lassen und am besten über Nacht kühlen.

Schokotorte

Zutaten
für eine Springform (26–28 cm)

für die Böden
275 g Mehl
1 TL Natron
1 TL Backpulver
100 g Kakao
300 g Zucker
1 Prise Salz
2 TL Vanillezucker

450 ml Pflanzenmilch (s. S. 10)
320 g Öl
2 EL Apfelessig

für die Füllung
150 g Zartbitterschokolade
1 Pk Seidentofu (400 g)
1 Pk Vanillezucker
2-3 EL Agavendicksaft (nach Wunsch)

Den Ofen auf 175 °C Ober- und Unterhitze vorheizen.

Für die Böden die trockenen Zutaten in eine Rührschüssel geben. In einer zweiten Schüssel Pflanzenmilch, Essig und Öl mit dem Stabmixer zusammenmixen. Die Flüssigkeit zur Mehl-Mischung geben, mit dem Kochlöffel unterrühren und den Teig in eine mit Backpapier ausgelegte Springform geben.

Im heißen Ofen 30–40 Minuten backen (Stäbchenprobe).

Für die Füllung die Zartbitterschokolade über dem Wasserbad vorsichtig schmelzen und abkühlen lassen. Mit den restlichen Zutaten zu einer homogenen Masse vermixen.

Die Creme dickt etwas nach.

Den Tortenboden mit einem Messer horizontal teilen, sodass man zwei Böden erhält. Einen Tortenring um den Boden stellen. Einen Teil der Schokocreme auf den unteren Boden geben, den zweiten Boden daraufsetzen und die restliche Schokocreme darauf verteilen.

Schwarzwälder Kirschtorte

Zutaten
für eine Springform (20 cm)

für die Böden
330 g Mehl
2 TL Backpulver (10 g)
25 g Back-Kakao
150 g Zucker
1 Pk Vanillezucker
1 Prise Salz

300 g Sprudelwasser
7 EL Öl (60 g)

für die Tränke
50 ml Wasser
25 g Puderzucker
3 EL Schwarzwälder Kirschwasser

für die Kirschfüllung
1 Glas Kirschen (Abtropfgw. 250 g)
20 g Speisestärke
20 g Zucker

für die Sahnefüllung
400 ml vegane Schlagsahne (s. S. 11)
1 Pk Sahnesteif
20 g Puderzucker

für die Deko
Kirschen (s.o.)
1 Pk vegane Schokoraspeln

Für die Böden den Backofen auf 175 °C Ober- und Unterhitze vorheizen. In einer Schüssel die trockenen Zutaten vermischen. In einer weiteren Schüssel Sprudelwasser und Öl mischen. Die Mehlmischung unter ständigem Rühren unter die flüssige Mischung geben. Zu einem glatten Teig verrühren.

Die Springform mit Backpapier auslegen, den Teig daraufgeben und im vorgeheizten Ofen ca. 25 Minuten backen (Stäbchenprobe). Den Biskuit aus dem Ofen holen, mit einem Messer den Rand von der Form lösen. Den abgekühlten Biskuit in drei gleich dicke Böden schneiden.

Die Sahne schlagen: zuerst kurz allein, dann mit Sahnesteif und Zucker. Etwa 5 EL in einen Spritzbeutel abfüllen und kalt stellen.

Für die Kirschfüllung die Kirschen aus dem Glas in ein Sieb abschütten und den Saft auffangen. Schöne Kirschen für die Deko beiseitelegen. 150 ml Kirschsaft mit Speisestärke und Zucker gut verrühren und aufkochen. Etwas köcheln lassen, bis die Masse andickt. Die Kirschen dazu geben.

Aus Wasser, Puderzucker und Kirschwasser die Tränke anrühren. Einen Tortenring um den untersten Boden legen. Mit einem Backpinsel den Boden mit ⅓ der Kirschwasser-Mischung einpinseln. Darauf die noch warme Kirschfüllung verteilen. Abkühlen lassen, erst dann eine dünne Schicht Sahne daraufstreichen. Den zweiten Boden auf die Sahneschicht legen und ebenfalls mit der Tränke einpinseln. Etwa die Hälfte der verbliebenen Sahne darauf verteilen. Den dritten Boden auflegen, mit der restlichen Tränke bepinseln und die Oberfläche und den Rand der Torte mit der restlichen Sahne einstreichen.

Den dritten Boden auflegen, mit der restlichen Tränke bepinseln und mit der übrigen Sahne Rand und Oberfläche einstreichen. Mit Schokoraspeln und Kirschen dekorieren.

Backtag:
Donnerstag und Jolly Joker bei Ausfällen

Beruf:
heute Barista, Servicekraft, Küchenhilfe, Backdame und vieles mehr. Hauptsächlich größte Unterstützung für Evita.
Ursprünglich staatlich anerkannte Erzieherin.

Lieblingskuchen:

Zimtschnecke mit Kardamom, wenn es nur noch ein Gebäck auf dieser Welt geben dürfte

Backt am liebsten:
Feines und Filigranes – Hauptsache, es lässt sich hübsch dekorieren

Was verbindet dich mit dem Kauz:
Freundschaft und das Auslebendürfen meiner eigenen Kreativität

Was hat dich zum Backen gebracht:
unsere Familientradition, samstags für den Sonntag zu backen

Herausforderung bei veganen Kuchen:
Mit natürlichen Zutaten einen guten Geschmack zu erzielen

Mein lustigstes Malheur:

Evita ständig den rohen Kuchenteig zum Probieren vorzuenthalten

Rühr-kuchen

Zitronen-kuchen

Zutaten
für eine Kastenform (30 cm)

375 g Mehl
5 TL Backpulver (1 Pk)
250 g Zucker
Abrieb von 2 Bio-Zitronen (+Saft s. u.)
veganes Ei-Ersatzpulver für mindestens 3 Eier (s. S. 9)

160 ml Öl (Sonnenblumenöl)
75 ml Zitronensaft (von den 2 Zitronen, s. o.)
250 g veganer Pfirsich-joghurt
ca. 50 g Sprudelwasser, je nach Ei-Ersatz

für die Glasur
160 g Puderzucker
2 EL Zitronensaft

Den Ofen auf 160 °C Umluft vorheizen.

Die trockenen Zutaten in einer Rührschüssel sehr gut vermengen. In einer weiteren Schüssel die flüssigen Zutaten ebenfalls sehr gut verrühren. Dann die flüssige Mischung mit einem Handmixer unter die festen Zutaten rühren, sodass ein gleichmäßiger Teig entsteht. Nicht zu lange rühren und nicht zu flüssig werden lassen. Der Teig sollte die Konsistenz eines mittelschweren Rührteigs haben, der reißend vom Löffel fällt.

Den Teig in eine ausgefettete Kastenform geben und im vorgeheizten Ofen etwa 40–45 Minuten backen. Stäbchenprobe machen.

Den Kuchen abkühlen lassen und dann aus der Form holen. Den Puderzucker mit dem Zitronensaft glatt rühren und den Kuchen dick damit überziehen.

Espresso-Nuss-kuchen

Zutaten
für eine Kastenform (30 cm)

120 g gemahlene Haselnüsse
120 g gemahlene Mandeln
20 g Kokosflocken
250 g Mehl
15 g Backpulver (Weinstein)
250 g Rohrzucker
1 Pk Vanillezucker
veganes Ei-Ersatzpulver für 3 Eier
3 EL Back-Kakao
1 Msp. Zimt
1 Prise Salz

50 g Kokosöl
150 g Espresso (heiß)
150 ml Pflanzenmilch (s. S. 10)
100 ml Sprudelwasser (oder je nach Packungsanleitung aus dem Ei-Ersatz, eher etwas weniger Flüssigkeit nehmen)

Deko
150 g vegane Zartbitterschokolade
1 EL Pflanzenöl
nach Belieben: Krokantstreusel, Kokosraspeln, geröstete Haselnüsse ...

Deko-Alternative
150 g Puderzucker
4 EL Espresso
Schoko-Mokkabohnen

Den Backofen auf 160 °C Umluft vorheizen

Die trockenen Zutaten in einer Rührschüssel gut vermischen. Das feste Kokosöl im heißen Espresso auflösen und dann mit der veganen Milch und dem Sprudelwasser gut verrühren.

Die Flüssigkeit mit dem Rührgerät zügig unter die trockenen Zutaten rühren, so dass ein gleichmäßiger, aber nicht zu flüssiger Teig entsteht.

Den Teig in eine ausgefettete Kastenform füllen und im vorgeheizten Ofen ca. 40–45 Minuten backen. Stäbchenprobe machen!

Den Kuchen abkühlen lassen und dann mit der Schokoladenglasur überziehen. Dazu die Schokolade im Wasserbad schmelzen, 1 EL Öl dazugeben und gut verrühren. Ehe der Schokoguss fest wird, den Kuchen mit Krokant, Kokosraspeln oder Nüssen verzieren.

Für eine andere Deko aus dem Puderzucker und dem Espresso einen dicken Puderzuckerguss herstellen, den Kuchen damit einstreichen und die Mokkabohnen in den weichen Guss drücken.

Mandel-kuchen

Zutaten
für eine Springform (20 cm)

80 g Mehl
80 g Mandeln, gemahlen
130 g Zucker (60+70)
10 g Backpulver
1 TL Natron
175 g Mandeln, gehackt (50+125)
80 g vegane Sahne (s.S. 11)
50 ml Sprudelwasser
1 TL Vanilleextrakt
50 g Margarine

Den Ofen auf 180 °C Ober- und Unterhitze vorheizen.

Mehl, gemahlene Mandeln und 50 g von den gehackten Mandeln, 60 g Zucker, Backpulver und Natron vermengen. Sahne, Sprudelwasser und Vanilleextrakt hinzugeben und alles zu einem glatten Teig verrühren.

In eine gefettete Springform füllen und im vorgeheizten Ofen 20 Minuten backen.

In einem Topf die Margarine schmelzen. Die restlichen 125 g gehackte Mandeln und 70 g Zucker unterrühren. Den Kuchen kurz aus dem Ofen holen und die Mischung auf dem Teig verteilen. Weitere 15 Minuten backen.

Rote-Bete-Kuchen

Zutaten
für eine Springform (26 cm)

400 g gegarte Rote Bete
150 g Apfelmus
2 TL Apfelessig
120 g Öl
100 g Pflanzenmilch (s. S. 10)

300 g Mehl
2 TL Backpulver
40 g Kakao
140 g Zucker
80 g Schokolade (gerieben oder Schokoraspel)

für das Topping
1 Pk veganer Frischkäse (150 g)
200 g vegane Sahne (s. S. 11)
1-2 EL Puderzucker, gesiebt

Den Ofen auf 175 °C Ober- und Unterhitze vorheizen.

Die Rote Bete zusammen mit Apfelmus, Essig, Öl und Pflanzenmilch im Mixer pürieren.

Mehl, Backpulver und Kakao in eine Schüssel sieben. Zucker und geriebene Schokolade dazugeben. Das Püree in die Mischung geben und alles rasch zu einem Teig verrühren.

Den Teig in die gefettete Springform geben und im vorgeheizten Ofen ca. 35–40 Minuten backen.

Für das Topping Frischkäse, Sahne und Puderzucker verrühren. Auf den abgekühlten Kuchen streichen.

Feigen-Walnuss-Kuchen

Zutaten
für eine Springform (28 cm)

300 g Mehl
100 g gemahlene Nüsse (nach Wahl)
260 g Zucker
15 g Backpulver
Ei-Ersatz-Pulver für 3 Eier (s. S. 10)
10 g Vanillezucker

300 ml Pflanzenmilch (s. S. 10)
180 ml Öl
50 ml Sprudelwasser (oder nach Packungsanleitung vom veganen Ei-Ersatz, meistens eher etwas weniger)

etwa 8 Softfeigen (eventuell auch Softaprikosen oder Datteln, aber keine trockenen Feigen!)
120 g Walnüsse, gehackt

für die Deko
160 g vegane Schokolade
1 El Öl
ein paar Walnüsse, gehackt

Den Ofen auf 160 °C Umluft vorheizen.

Die trockenen Zutaten gut miteinander vermischen. In einer weiteren Schüssel die flüssigen Zutaten mischen. Die flüssige Mischung mit einem Rührgerät zügig unter die Mehl-Mischung rühren. Nicht zuviel Flüssigkeit zugeben! Der Teig sollte schwer reißend vom Teigschaber gleiten.

Zum Schluss die in kleine Scheiben geschnittenen Softfeigen und die gehackten Walnüsse untermischen.

Den Teig in eine gefettete und mit Backpapier ausgelegte Form geben. Im vorgeheizten Ofen etwa 40 Minuten backen (Stäbchenprobe).

Für die Deko die Schokolade im Wasserbad schmelzen und mit dem Öl glatt rühren. Den abgekühlten Kuchen aus der Form nehmen und mit der warmen Schokolade überziehen. Die gehackten Walnüsse auf die noch weiche Schokolade streuen.

Backtag:
Samstag

Beruf:
Jugend- und Heimerzieherin, Sozialarbeiterin im Jugendhaus

Lieblingskuchen:

Käsekuchen

Backt am liebsten:
Torten (nicht vegan :-))

Was verbindet dich mit dem Kauz:
an erster Stelle das Backen; an zweiter Stelle das Offene, Menschliche. Ich bin über Insta hierhergekommen, meine ursprüngliche Idee war, ob ich Torten backen und hier herbringen kann, eigentlich wollte ich nichts dafür, ich wollte nur testen, wieviel ich backen kann, was ich noch Außergewöhnliches backen kann, wie ich mich herausfordern kann.

Was hat dich zum Backen gebracht:
das Essen und das Experimentieren, ich habe mit 8 Jahren angefangen zu backen

Herausforderung bei veganen Kuchen:
die Unsicherheit bei den außergewöhnlichen Zutaten

Mein lustigstes Malheur:

Der Spinat im Kuchen wurde nicht genug püriert, beim Orangenkuchen habe ich den Zucker vergessen.

Hefeteig & Kleinigkeiten

♡

Für uns ist es wie Frühstück und deshalb genießen wir dazu den Latte Macchiato.

Nuss-Nougat-Babka

Zutaten
für eine Kastenform (30 cm)

500 g Mehl
60 g Zucker
21 g Hefe
1 Messerspitze Kardamom
85 g vegane Butter
150 ml Pflanzenmilch (s. S. 10)

200 g vegane Nuss-Nougat-Creme
60 g gehackte Haselnüsse, geröstet

Mehl, Zucker, Hefe, Kardamom und vegane Butter in eine Rührschüssel geben. Pflanzenmilch (sollte Zimmertemperatur haben) dazugeben und alles in der Rührmaschine 8–10 Minuten bei mittlerer Stufe kräftig durchkneten. Die Schüssel mit einem Deckel oder Frischhaltefolie abdecken und an einem warmen Ort mindestens 1 Stunde gehen lassen.

Den Backofen auf 160 °C (Umluft) vorheizen.

Den Teig aus der Schüssel nehmen, kurz durchkneten und auf einer bemehlten Arbeitsfläche rechteckig (30x40 cm) ausrollen. Mit Nuss-Nougat-Creme bestreichen und die gehackten Haselnüsse darauf verteilen. Aufrollen und die Rolle der Länge nach in der Mitte durchschneiden. Beide Hälften miteinander verdrehen und in eine Kastenform setzen. 30–35 Minuten im heißen Ofen backen.

HAPPY
CAKE

Blaubeer-muffins

Zutaten
Für ca. 10 Muffinförmchen

280 g Mehl
125 g Zucker
15 g Backpulver

100 ml Öl
150 g Sprudelwasser
2 EL Apfelmus oder
½ Apfel, püriert
150 g Blaubeeren
½ TL Zimt

für das Frosting
150 g veganer Frischkäse
1-2 Esslöffel Puderzucker
200 g vegane Sahne
(s. S. 10)
etwas Zitronensaft
und Abrieb
ein paar Blaubeeren

Den Ofen auf 175 °C Ober- und Unterhitze vorheizen.

Alle trocknen Zutaten mischen. Öl und Wasser mischen und schnell unterrühren. Das Apfelmus hinzugeben und nochmals kurz rühren. Die Blaubeeren (oder andere Früchte) untermischen.

Die Muffinförmchen mit dem Teig füllen und im vorgeheizten Ofen ca. 20–25 min backen.

Die abgekühlten Muffins mit dem Frosting dekorieren. Dafür Frischkäse mit Puderzucker verrühren und mit der veganen Sahne aufschlagen. Mit Zitronenabrieb und Saft abschmecken, ein paar Blaubeeren unterrühren.

Chocolate Chips Cookies

Zutaten
für 12 Cookies à 50 g

230 g Mehl
1 TL (5 g) Backpulver
110 g vegane Butter oder Margarine (s. S. 11), weich
125 g Zucker
80 g brauner Zucker
1 EL Vanillezucker
1 großzügige Prise Salz
nach Bedarf etwas Pflanzenmilch (s. S. 10)
250 g backfeste Schokotropfen oder Chocolate Chunks, zartbitter
nach Belieben können Nüsse, Trockenfrüchte etc. zugegeben werden

Den Backofen auf 175 °C Ober- und Unterhitze vorzeihen

Mehl und Backpulver mischen.

Das weiche Fett mit allen Zuckerarten und Salz cremig rühren (ca. 3 Minuten lang).

Die Mehlmischung unterrühren und, falls der Teig zu trocken bzw. krümelig ist, nach und nach etwas Pflanzenmilch zugeben. Es soll ein formbarer Teig entstehen.

Die Schokolade einarbeiten.

Teigportionen à 50 g abnehmen und zu Kugeln formen oder einen Eisportionierer benutzen. Auf jedes Backblech mit ausreichendem Abstand 6 Cookies setzen und etwas flach drücken.

Im vorgeheizten Ofen 15–18 Minuten backen. Herausnehmen, wenn die Cookies an den Rändern leicht gebräunt sind. Sie werden beim Abkühlen noch etwas fester.

LASSEN SIE IHR
GEBÄCK NICHT
UNBEAUFSICHTIGT.

Hefezopf

Zutaten

270 ml Pflanzenmilch (z.B. Mandeldrink; + etwas zum Bestreichen)
20 g Hefe
70 g Zucker (2 TL + Rest)
80 g vegane Margarine
500 g Mehl
5 g Salz
150 g Rosinen
1 Handvoll gestiftelte Mandeln

In einem Topf die Pflanzenmilch lauwarm erwärmen. 2 EL der erwärmten Pflanzenmilch abnehmen und in einem Schüsselchen mit einer Gabel die Hefe und 2 TL Zucker einrühren. An einen warmen Ort stellen. Ca. 10 Minuten stehen lassen, bis der Vorteig sich vergrößert hat. Vegane Margarine in kleinen Flocken zu der restlichen warmen Pflanzenmilch geben und schmelzen lassen.

Mehl, den restlichen Zucker und Salz in eine Rührschüssel geben. Die Pflanzenmilch mit der geschmolzenen Margarine hinzugeben und alles mit den Händen verkneten. Anschließend den Hefevorteig hinzugeben. Alles zu einem schönen, glatten Teig verkneten. Ich knete immer 100 mal :-).

Den Teig mit einem Tuch abdecken und an einem warmen Ort gehen lassen, bis er sich verdoppelt hat. Das dauert etwa eine Stunde.

Rosinen zum Teig dazugeben und alles gut durchkneten.

Den Teig in drei gleich große Teile teilen und drei gleich lange Stränge formen. Dann die drei Stränge zu einem Hefezopf flechten und auf ein Backblech setzen.

Den geflochtenen Teig nochmals eine halbe Stunde gehen lassen. Kurz vor Ende der Gehzeit den Ofen auf 180 °C Ober- und Unterhitze vorheizen.

Den Hefezopf mit Pflanzenmilch bestreichen und mit gestiftelten Mandeln bestreuen.

Den Hefezopf im vorgeheizten Ofen 30 Minuten backen. Da die meisten Öfen ungleichmäßig backen, drehe ich das Blech nach der Hälfte der Backzeit um 180°.

Ananas-Cupcakes

Zutaten
für ein Muffinblech bzw. 12 Förmchen

für die Muffins
100 g Ananas
1 große, reife Banane
125 g Pekannüsse
250 g Mehl
0,5 TL Natron
0,5 TL Zimt
eine Prise Salz
40 g Kokosraspel
35 g Zucker
2 EL Apfelmus
75 ml Öl

für das Frosting
150 g veganer Frischkäse
1-2 EL Puderzucker
200 g vegane Sahne (s. S. 11)
etwas Zitronensaft und Abrieb
eventuell Lebensmittel-Farbpaste

Den Ofen auf 160 °C Umluft vorheizen.

Ananas und Banane fein pürieren, die Pekannüsse grob hacken. Mehl, Natron, Zimt, Salz, Kokosraspel und Zucker in eine Schüssel geben. Apfelmus und Öl mit den pürierten Früchten mischen und zu den trockenen Zutaten geben. Pekannüsse dazugeben und alles kurz mit einem Schneebesen vermengen. Das Muffinblech mit 12 Papierförmchen auslegen, den Teig gleichmäßig verteilen.

Im heißen Ofen 18–20 Minuten backen. Die Cupcakes auf einem Kuchengitter abkühlen lassen, inzwischen das Frosting anrühren.

Frischkäse mit Puderzucker verrühren und mit der veganen Sahne aufschlagen. Mit Zitronenabrieb und Saft abschmecken. Das Frosting eventuell mit Lebensmittelpaste einfärben, in einen Spritzbeutel füllen und auf die Cupcakes spritzen.

Nussecken

Zutaten
für ein Blech

für den Mürbeteig
360 g Mehl
180 g Margarine oder vegane Butter (s. S. 11)
90 g Zucker
1 Prise Salz

für den Nussbelag
200 g Nusskernmischung
50 g Pinienkerne
125 g Macadamianüsse, geröstet (die Nuss-Sorten können nach Wunsch variiert werden)
200 g Aprikosenmarmelade
150 g Zucker
75 ml vegane Sahne (s. S. 11; 25 ml +50 ml)
120 g Margarine oder vegane Butter (s. S. 11)
evtl. 100 g Kuvertüre, zartbitter

Für den Mürbeteig Fett und Zucker in der Küchenmaschine glatt rühren. Mit dem Knethaken das Mehl unterrühren und mit dem Wasser alles rasch zu einem glatten Teig verkneten. Etwa 30 Minuten kühl stellen.

Die Nusskernmischung und die Pinienkerne in einer Pfanne ohne Fett hellbraun rösten, abkühlen lassen. Alle Nüsse fein hacken.

Den Backofen auf 180 °C Ober- und Unterhitze vorheizen. Backpapier in der Größe des Backblechs (ca. 40x32 cm) auf die Arbeitsfläche legen. Den Mürbeteig darauf ausrollen und auf das Blech legen. Mit der Gabel mehrmals einstechen. Im vorgeheizten Ofen ca. 15 Minuten hell backen.

Die Marmelade glatt rühren, den warmen Mürbeteigboden damit bestreichen.

Für den Nussbelag den Zucker in einer beschichteten Pfanne bei milder Hitze goldbraun schmelzen. Mit einem Drittel der veganen Sahne ablöschen, rühren, um den Zucker aufzulösen.

Dann den Rest der Sahne und die vegane Butter oder Margarine hinzufügen. Unter Rühren zu Karamellcreme kochen. Die gehackten Nüsse gut unterrühren.

Die Nussmasse gleichmäßig auf dem Mürbeteigboden verstreichen und alles nochmals bei 180 °C ca. 20 Minuten goldbraun backen.

Etwa 20 Minuten abkühlen lassen, dann vom Blech nehmen. Die harten Ränder rundum abschneiden. Die Nussplatten in ca. 8 cm breite Streifen schneiden, diese diagonal in Dreiecke teilen.

Die Kuvertüre im Wasserbad schmelzen und die Nussecken mit den Spitzen darin eintauchen. Oder die flüssige Kuvertüre in einen Gefrierbeutel füllen, eine kleine Ecke abschneiden und die Nussecken damit besprenkeln.

Backtag:
hatte ich nie fix, aber war immer superhappy, wenn ich einspringen durfte.

Beruf:
Theater-, Film- und Medienwissenschaftlerin, Schneiderin, Designerin, Kaffeetante

Lieblingskuchen:

Kuchen

Backt am liebsten:
bisschen ausgefallene Sachen, Kuchen mit Kardamom oder Tahin, bretonischen Marillenkuchen mit salzigem Boden

Was verbindet dich mit dem Kauz:
Kaffee, Esslingen, Familie, vor allem nachdem ich mittlerweile nicht mehr hier lebe – Ins Kauz kommen ist immer nach Hause kommen.

Was hat dich zum Backen gebracht:
tatsächlich das Kauz. Davor dachte ich, ich hab keine Geduld zum Backen, dank Frau Piep kann ich aber viel mehr, als ich dachte.

Herausforderung bei veganen Kuchen:
keine bestimmte – Mir macht es wirklich viel Spass, alles auszuprobieren, und vegan stellt für mich keine große Hemmschwelle dar. Herausfordernder ist es eher, wenn die Kuchen/Torten komplizierter werden (auch bei den nicht veganen) und es immer spannend bleibt, ob eine Creme zum Beispiel fest genug wird …

Mein lustigstes Malheur:

der eine Blechstreuselkuchen, den wir vom Blech hämmern mussten

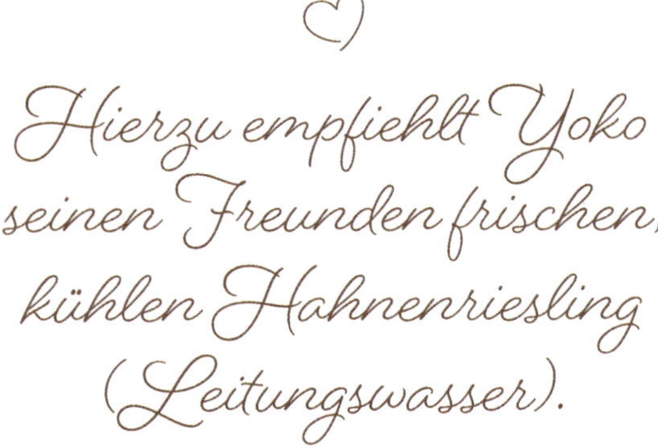

Hundekekse

Zutaten
für ein Blech

1 reife Banane
120 Erdnussbutter (ungesalzen)
4 EL Kokosöl
200 g Buchweizenmehl
120 g Haferflocken instant

Den Ofen auf 180 °C Ober- und Unterhitze vorheizen.

Banane, Erdnussbutter und Kokosöl zusammen fein pürieren.

Getreide miteinander vermischen, die pürierte Masse hinzugeben und alles verkneten.

Den Teig ausrollen und ausstechen oder stempeln, oder was einem sonst noch so einfällt.

Im vorgeheizten Ofen 20 Minuten backen – bis die Kekse fest werden.

Ordentlich abkühlen lassen.

Den Hund/die Hunde Kunststücke aufführen lassen und belohnen.

Backtag:
niemals, die lassen mich einfach nie

Beruf:
Reisefachberaterin, Sekretärin, Vorstandsassistentin, Münsteranerin, Kaffeefrau

Lieblingskuchen:

Burnt Cheesecake, obwohl ich keinen Käsekuchen mag, und alles andere auch, roher Teig

Backt am liebsten:
versunkenen Apfelkuchen, weil da der rohe Teig am besten schmeckt

Was verbindet dich mit dem Kauz:
die Gründung, dadurch bin ich zur Esslingerin geworden

Was hat dich zum Backen gebracht:
meine Großeltern, ich komme aus einer Konditorenfamilie – Ein oder zwei Relikte finden sich auch in unserer Backstube.

Herausforderung bei veganen Kuchen:
alles, für mich immer noch neu

Mein lustigstes Malheur:

Wo fang ich an ... Kuchen verkauft, bei dem noch das Topping fehlte ... Kuchen war im Ofen, und auf einmal sehe ich, dass Zucker und Mehl noch unangetastet oben auf dem Ofen stehen ... irgendwie hat er trotzdem geschmeckt, ... der Kuchen war im Ofen, nach einer Stunde ging der Wecker und ich hab in den Ofen geschaut, und es war nur das Licht an, aber keine Temperatur eingestellt Licht an, aber keine Temperatur eingestellt.

Register der Zutaten

Stimmen der Backdamen

- Hier im Kauz sind wirklich Freundschaften entstanden, es ist so schön, dass wir uns hier getroffen haben.
- Man fühlt sich einfach wohl und willkommen hier, jeder fiebert so mit beim Backen, die von der Theke vorne schauen einem oft zu beim Backen, wenn sie hinten in der Küche beim Spülen sind, alles so schön heimisch …
- Wir haben hier teilweise so zusammengefunden – sonst hätten wir uns wahrscheinlich nie getroffen.
- Das ist der beste Job der Welt – Man darf sich hier so ausleben, wie man will. Ich schreibe eine Liste, dann ist alles da, und ich kann nur das Schöne am Backen machen, irgendjemand arbeitet mir zu und spült …
- Anfangs wollten wir noch ne Liste machen, um uns abzusprechen, aber wir backen alle so unterschiedlich, dass es gar nicht nötig ist, jeder hat seine Handschrift.
- Mit dieser Offenheit kann ich erst jetzt umgehen, es gibt kaum Vorgaben, außer der Anzahl und dass vegan dabei sein muss – Anfangs war das ungewohnt, weil ich sonst überall Strukturen und Vorgaben habe … Mittlerweile ist das ganz natürlich …
- Einer der schönsten Momente ist, wenn man als Frühschicht die Theke gefüllt hat und die tollen Kuchen sieht … ein richtiges Glücksgefühl.
- Ein tolles Kompliment ist, wenn ältere Herrschaften gerne hierherkommen zum Kuchenessen.
- Hier gibt es einfach nicht ständig die gleichen Kuchen, das verleitet ja auch zum Probieren von neuen Sachen.
- Es ist total schön, hier reinzukommen, wie Nachhausekommen – Es riecht nach Kaffee, Zimt, Frischgebackenem …

CAFÉ
KAUZ

MIT VIEL
HAT
HEUTE
FÜR EUCH
GEBACKEN
FRAU PIEP